Bordesholmer Edition
Band 26, 2016

Cover Bild von Ingrid Brandenburger
Illustrationen im Inneren von Thorsten Schönberg

Endlich ist es geschafft!

Mein erstes eigenes Buch. Viel Mühe und noch mehr Zeit hat es mich gekostet. Und ohne die Hilfe von Elmer und Jürgen wäre es nie auf den Weg gekommen. Dafür sage ich ‚Danke!'.

Thorsten Schönberg

Thorsten Schönberg

Die Limerick-Landkarte

Schleswig-Holstein mal anders bereisen

Vorwort

In meinem Beruf als Handwerker bin ich oftmals mit dem Auto in Schleswig-Holstein unterwegs. Beim Durchfahren von diversen Ortschaften und dem Lesen von Ortsnamen begann ich damit, Limericks zu dichten und später auch niederzuschreiben. So entstand im Laufe der Zeit eine kleine Sammlung, die ich dadurch ergänzte, dass ich mir auch Ortsnamen aus Schleswig-Holstein vornahm, obwohl ich diese Orte nicht privat-oder berufsbedingt durchquert hatte. Als die Sammlung mir groß genug erschien, fing ich an, unterstützt durch das Internet, wissenswertes in Kurzform zu den einzelnen Dörfern, Orten und Gemeinden zusammenzutragen. Dazu legte ich jeweils eine Karte mit der geographischen Lage an...und fertig war mein kleiner Reiseführer durch das wunderbare Bundesland Schleswig-Holstein.

Eine kleine Erklärung…was sind Limericks

Ganz grob gesagt: Limericks sind kleine Spaßgedichte. Diese Spaßgedichte folgen einigen wenigen Vorgaben. Die zwei auf keinen Fall aufzuweichenden Vorgaben sind:

1. Das Reimschema
Ein Limerick muss stets dem Reimschema aabba folgen. Dies bedeutet, dass sich immer das Ende der ersten Zeile sowohl auf die zweite Zeile, wie auch auf die fünfte Zeile reimen soll. Ebenso sollen sich die dritte und vierte Zeile aufeinander reimen. Die Zeilen drei und vier sind außerdem etwas kürzer zu halten und leiten die witzige Pointe ein, die sich idealer Weise in Zeile fünf ergeben sollte.

2. Der Ort
Der Ort soll immer am Ende der ersten Zeile stehen. Wobei der Begriff Ort ein wenig ausgedehnt werden kann. Es muss sich nicht zwingend um Ortschaften handeln, sondern es können auch Ortsangaben wie Inseln, berühmte Bauwerke wie das Empire State Building oder gar Ländernamen verwendet werden.

Viel Vergnügen beim Lesen

Orte, Inseln oder Kreise, die in diesem Buch eine
Rolle spielen:

Schinkel

Lunden

Gadeland

Pahlen

Appen

Wallen

Amrum

Reinbek

Leezen

Glinde

Erfde

Wacken

Aukrug

Leck

Böken

Nebel

Peissen

Föhr

Fehmarn

Lehe

Dingen

Fitzen

Schlesen

Blunk

Gelting

Groß Kummerfeld

Kiel

Loop

Wedel

Nordfriesland

Boostedt

Heide

Gnutz

Wahlstedt

Bad Bramstedt

Plön

Weißenhaus

Selent

Dahme

Braak

Rantum

List

Scharbeutz

Preetz

Nettelsee

Cismar

Rade

Itzehoe

Todendorf

Groß Boden

Weiche

Wrist

Sören

Stocksee

Kappeln

Schinkel

Schinkel ist eine Gemeinde im Kreis Rendsburg-Eckernförde. Schinkel liegt am Nordufer des Nord-Ostsee-Kanals. Die Gemeinde ist landwirtschaftlich geprägt und zu den Sehenswürdigkeiten zählt das Gut Rosenkranz, welches bis 1828 Gut Schinkel hieß. Der damalige Besitzer benannte das Gut nach seiner Frau, Axeline von Rosenkranz, um. Die Einwohnerzahl Schinkels beträgt knapp 1000.

Gutes Benehmen

Es gibt sich ein Gutsherr in Schinkel
den Leuten als pikfeiner Pinkel.
Schwört auf Etikette…
selbst auf der Toilette,
da kackt er im richtigen Winkel.

Lunden

Lunden ist eine Gemeinde im nördlichen Teil des
Kreises Dithmarschen in Schleswig-Holstein. Die
nächsten größeren Ortschaften sind die Städte
Heide und Husum. Der Ortskern von Lunden liegt
etwa zwei Kilometer von der Eider entfernt. Die
erste urkundliche Erwähnung datiert aus dem
Jahre 1140. Die größte Sehenswürdigkeit des Ortes
ist die St. Laurentiuskirche (erbaut im 12. Jahr-
hundert). Seit 1975 ist Lunden ein staatlich aner-
kannter Erholungsort. Die Einwohnerzahl beträgt
circa 1680.

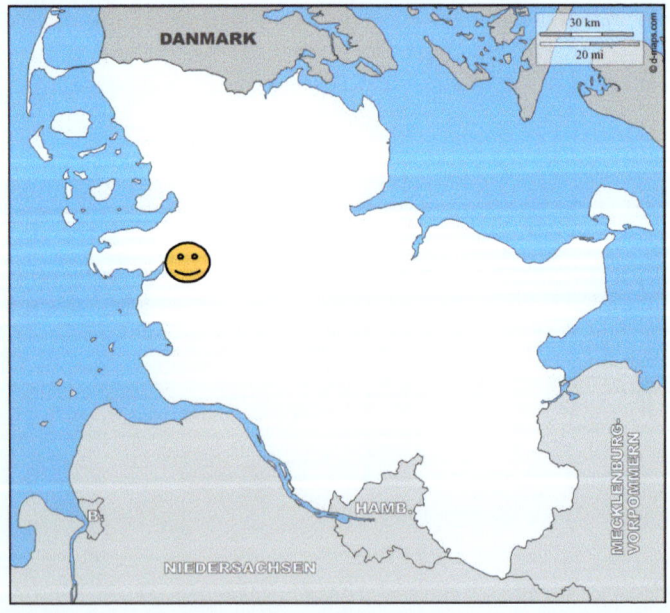

Die große Liebe?

Es hatte der Peter aus Lunden
die ganz große Liebe gefunden…
so war es gedacht,
doch gleich schon zur Nacht,
war sie und sein Bargeld verschwunden.

Gadeland

Gadeland hat circa 5700 Einwohner und ist ein
Stadtteil der kreisfreien Stadt Neumünster. Die
Einwohnerzahl Neumünsters beträgt rund 78.000.
Neumünster hat in jüngster Zeit auf sich aufmerk-
sam machen können. Zum Einen feierte man 2015
sein 888-jähriges Bestehen. Zum Anderen siedelte
sich ein Outlet-Center im Industriegebiet Süd an
und es entstand im Innenstadtbereich ein neues
Einkaufscenter, die Holstengalerie.

Ungestilltes Verlangen

Erregt zeigte Sven sich in Gadeland,
als nackt seine Frau er im Bade fand.
Wollt` gleich von ihr naschen…
doch sie sich bloß waschen –
kein Sex, was der Ehemann schade fand.

Pahlen

Pahlen liegt ungefähr auf halber Wegstrecke zwischen Rendsburg und Heide im Kreis Dithmarschen. Im Mittelalter war Pahlen einstmals ein bedeutender Bischofssitz. Zu den Sehenswürdigkeiten zählt unter anderem die Dankeskirche und bekannt sind auch die Eiderlandhalle (circa 2000 Menschen Fassungsvermögen) sowie die Großraumdiscothek Pahlazzo. Die Einwohnerzahl Pahlens beträgt etwa 1200.

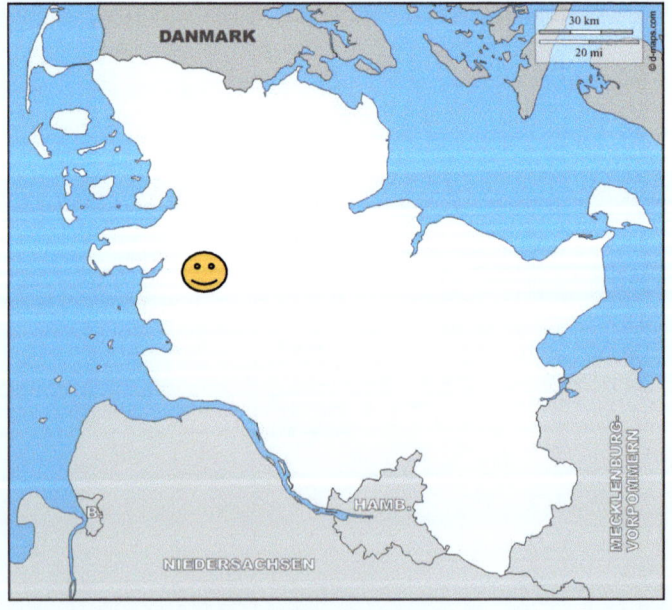

Sonst kommt man ja zu nix

Dem Geizhals bereitet in Pahlen
die Steuer entsetzliche Qualen.
Drum zeigt er sich trickreich
im Lohnsteuerausgleich
und fälscht kurzerhand alle Zahlen.

Appen

Appens erste urkundliche Erwähnung datiert aus dem Jahre 1269. Appen liegt im Landkreis Pinneberg an der Grenze zu Hamburg. Die Gemeinde beherbergt einen Fliegerhorst mit angeschlossener Unteroffiziersschule der Luftwaffe in der Marseille Kaserne. Die Einwohnerzahl Appens beträgt circa 4830.

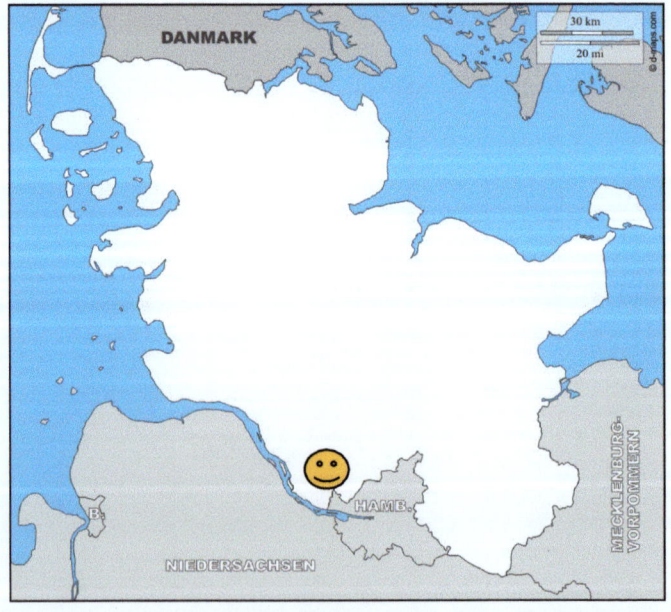

Immer schön leise

Beim Seitensprung wollte in Appen
die Gattin den Gatten ertappen.
Der setzte zur Wehr sich
als er zum Au-pair schlich.
Schlich barfüßig, trug nicht mal Schlappen.

Wallen

Wallen liegt im Kreis Dithmarschen direkt an der Eider. Da die Einwohnerzahl (etwa 32 Einwohner) unter der 70-Einwohnerzahl liegt, gibt es keine Gemeindevertretung, sondern es gehören alle Wahlberechtigten Einwohner des Ortes zur Gemeindeversammlung.

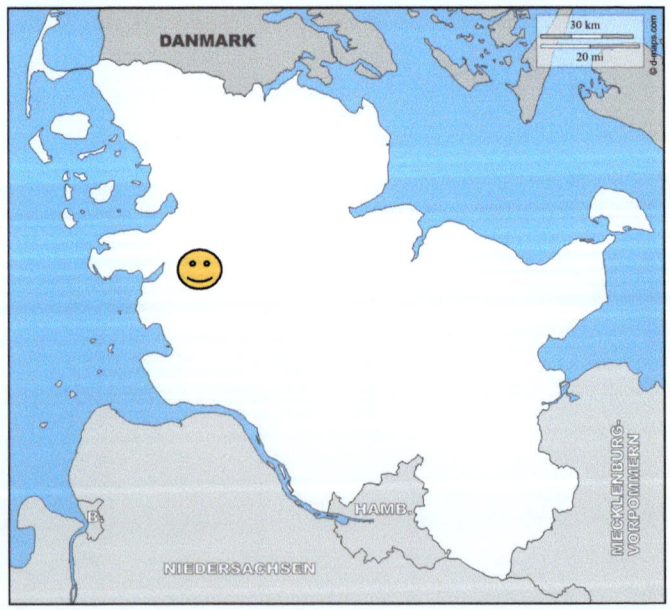

Viel zu eifrig

Es wetzte ein Kätzchen aus Wallen
am Stein allzu gern seine Krallen,
so stark übertrieben,
bis übrig nur blieben
statt Samtpfötchen blutige Ballen.

Amrum

Amrum ist die zehntgrößte Insel Deutschlands und liegt südlich von Sylt. Amrum gehört zum Landkreis Nordfriesland und hat circa 2250 Einwohner. Die höchste Düne Amrums misst etwa 32 Meter. Einige hundert Meter von Wittdün steht der markante Amrumer Leuchtturm.

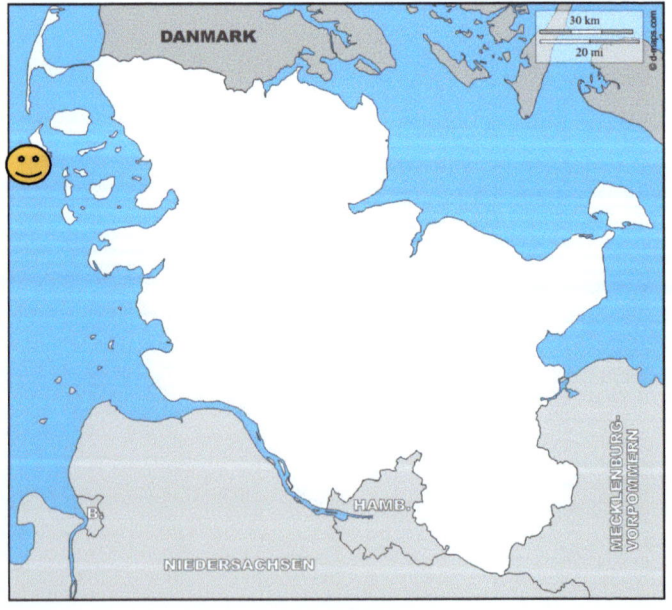

Immer schön friedlich bleiben, sonst…

Ein Schlachter, der hing jüngst auf Amrum
fixiert und geknebelt am Stamm rum.
So ward er gesichtet:
Vom Tierschutz gerichtet…
er brachte an Ostern ein Lamm um!

Reinbek

Reinbek liegt im Kreis Stormarn und zählt etwa 26.700 Einwohner. Die Hamburger Innenstadt ist von Reinbek aus mit der S-Bahn in circa 25 Minuten zu erreichen. Das älteste und bedeutendste Bauwerk ist das Schloss Reinbek, welches um 1575 erbaut wurde.

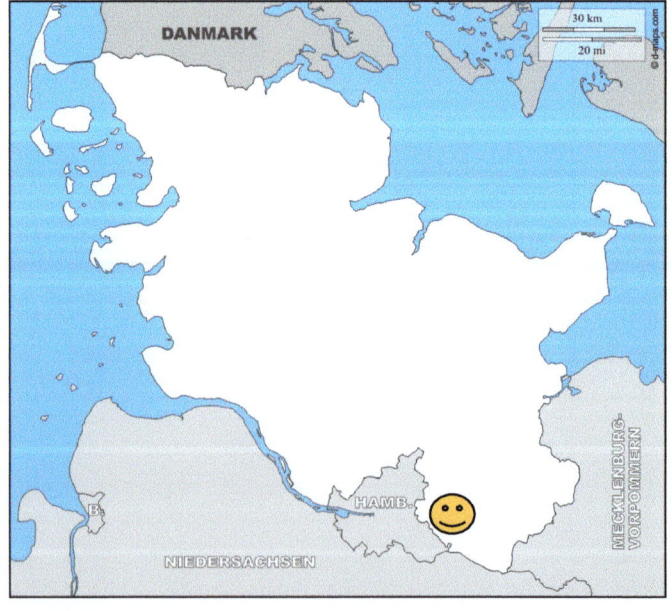

Gelber Sack?

Der Pfandflaschenkönig aus Reinbek
bemerkt nicht, dass ich ihn grad reinleg`.
Dem füll ich die Taschen
mit zahlreichen Flaschen,
doch ausnahmslos Müll, nämlich Einweg.

Leezen

Leezen liegt im Kreis Segeberg und die erste ur-
kundliche Erwähnung geht auf das Jahr 1199 zu-
rück. Geografisch liegt Leezen etwa auf halber
Strecke zwischen Bad Segeberg und Bad Oldesloe.
Die Einwohnerzahl beträgt circa 1730. Leezens
Umland bietet zahlreiche Wandermöglichkeiten
und ebenso Routen für Radtouren.

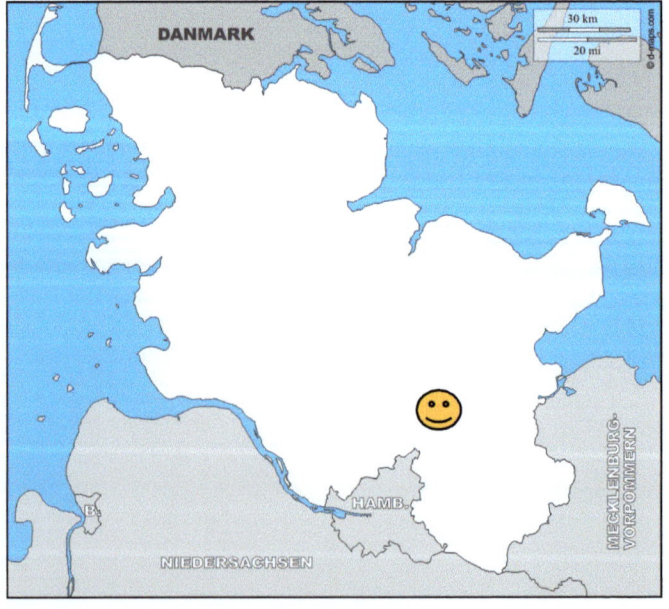

Nicht Jeder lässt sich ungestraft verarschen

Beim Fußball fragt schmunzelnd in Leezen
ein Spieler den Schiri: „Wie steht`s denn?"
Der fühlt sich in Not,
verarscht und zückt Rot!
Fragt lächelnd zurück: „Na, was rät` s denn?"

Glinde

Glinde liegt im Kreis Stormarn und circa 7 Kilometer von Hamburgs Stadtgrenze entfernt. Die erste urkundliche Erwähnung datiert aus dem Jahre 1229. Glinde zählt knapp 18.000 Einwohner. Die Glinder Mühle ist eine alte Wassermühle und dient heute als Museum.

Immer hübsch vorsichtig bei der Gartenarbeit

Die Ärztin erklärt Horst in Glinde,
dass sie seinen Arm nun verbinde.
Zumindest `nen Teil…
der Rest liegt derweil
noch draußen im Häcksler samt Rinde!

Erfde

Erfde liegt im Kreis Schleswig-Flensburg und besteht in seiner heutigen Form seit 1971. Die Sankt-
Marien-Magdalenen-Kirche im Ortskern wurde
im zwölften Jahrhundert errichtet. Außerdem befindet sich im Ort eine der typischen Bauernglocken, mit denen der Bauernvoigt die Bewohner zu
Versammlungen oder zu Arbeit rief. Die Einwohnerzahl Erfdes beträgt rund 1.880.

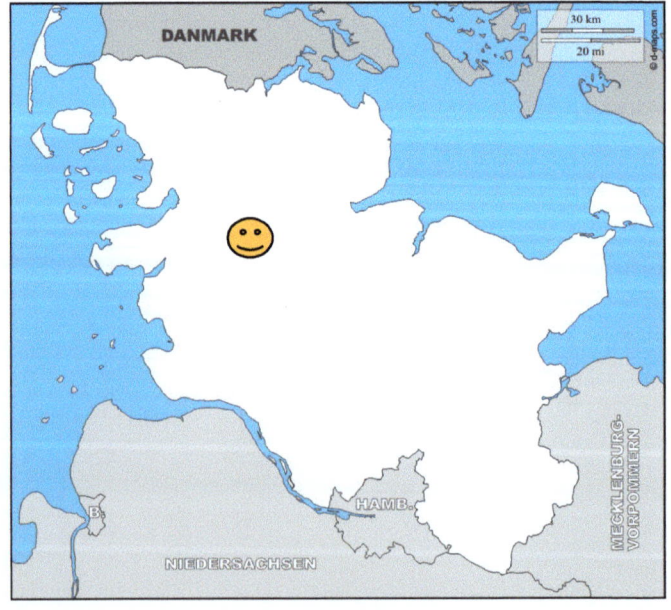

Gute Nerven sind gefragt

Es klagte ein Gatte aus Erfde,
dass ihn seine Ehefrau nervte.
Es ward immer krasser,
das Nörgeln, so dass er
im Geiste die Messer schon schärfte.

Wacken

Wacken liegt im Kreis Steinburg ganz in der Nähe der A 23 von Hamburg nach Heide. Erstmalige Erwähnung findet Wacken im Jahre 1148. Besondere Bekanntheit erlangte Wacken durch das größte Metal-Festivial *Wacken-Open-Air*. Jedes Jahr feiern dort 70.000 Besucher die Musik und wohl auch sich selbst. Die Einwohnerzahl Wackens beläuft sich auf circa 1.000.

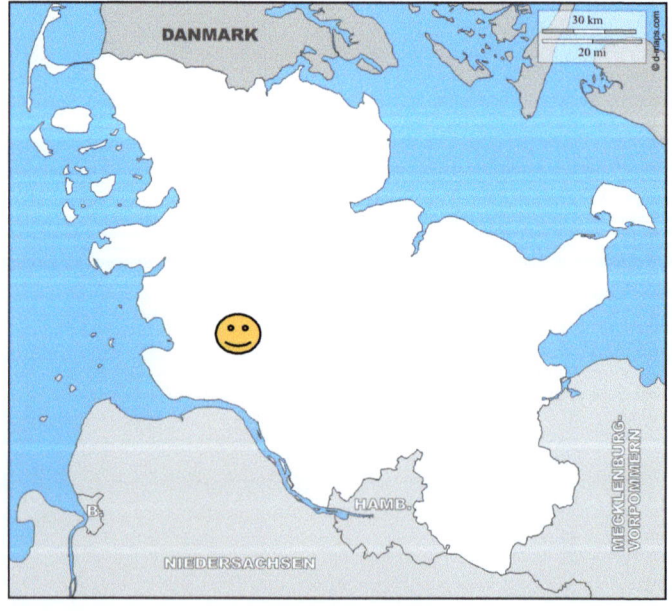

Raue Sitten und Gebräuche

Bei Freiluftkonzerten in Wacken,
da findet man sämtliche Macken.
Ganz andere Welten:
Dort schläft man in Zelten
und schleicht ins Gebüsch um zu kacken!

Leck

Leck ist eine Gemeinde in Nordfriesland, wenige Kilometer südlich der dänischen Grenze. Die erste urkundliche Erwähnung datiert aus dem Jahre 1231. Leck gehört zu den kältesten Orten Schleswig- Holsteins mit durchschnittlich 82 Tagen unter der Null-Grad-Grenze. Die Einwohnerzahl beläuft sich auf etwa 7500.

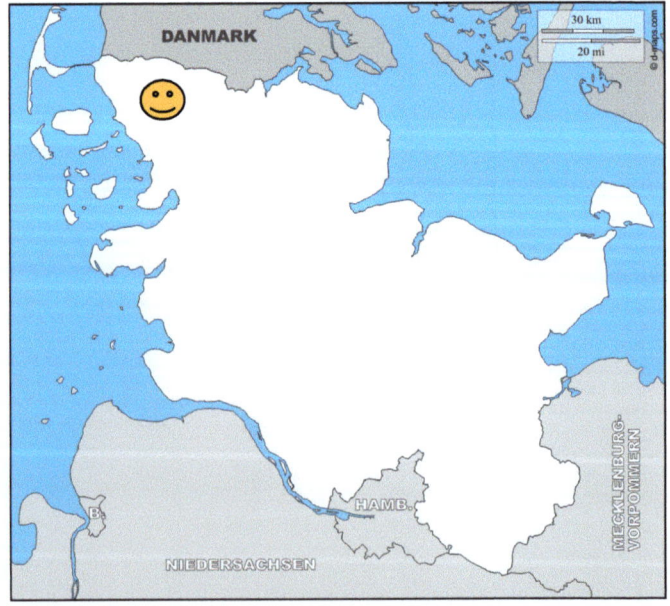

Männerfalle

Beim Männerfang zeigt sich in Leck
Simone doch oftmals sehr keck.
Denn oft sonnt Simone
sich gern oben ohne…
denn Mäuse, die fängt man mit Speck.

Aukrug

Die Gemeinde Aukrug als Zusammenschluss eini-
ger Dörfer entstand im Zuge der Gemeindereform
1970. Zum Gemeindegebiet gehören die Ortsteile:
Böken, Bargfeld, Bünzen, Homfeld, Innien,
Tönsheide und Bucken. Eine der Sehenswürdig-
keiten Aukrugs ist „Dat ole Hus". Die Einwohner-
zahl Aukrugs beläuft sich auf circa 3750.

Ehestreitigkeiten

Ein Gatte war sauer in Aukrug,
da ihn wiederholt seine Frau schlug.
Die schlug wie im Wahn,
traf Lippe samt Zahn,
was er dann auch blutend zur Schau trug.

Böken

Böken ist ein Ortsteil von Aukrug, der eine Seite zuvor schon vorgestellt wurde. Auf der folgenden Seite werden Sie einen Limerick mit Plattdeutschem Einschlag zu lesen bekommen. Dies ist auch der einzige Platt-Limerick in diesem Buch.

Mol wat needet utprobeern

Es bettelt der Kuddel aus Böken:
„Schatz, loat mal wat needet versöken.
Wenn ick die befummel
mit mien lütschen Stummel,
dann schasst as `n Schaap mal so blöken…"

Nebel

Die Gemeinde Nebel liegt auf der Insel Amrum und gehört somit dem Kreis Nordfriesland an. Zum Gemeindegebiet gehören der Amrumer Leuchtturm, die Amrumer Windmühle und die St. Klemens-Kirche, allesamt Wahrzeichen der Insel. Die Einwohnerzahl Nebels liegt knapp oberhalb von 900.

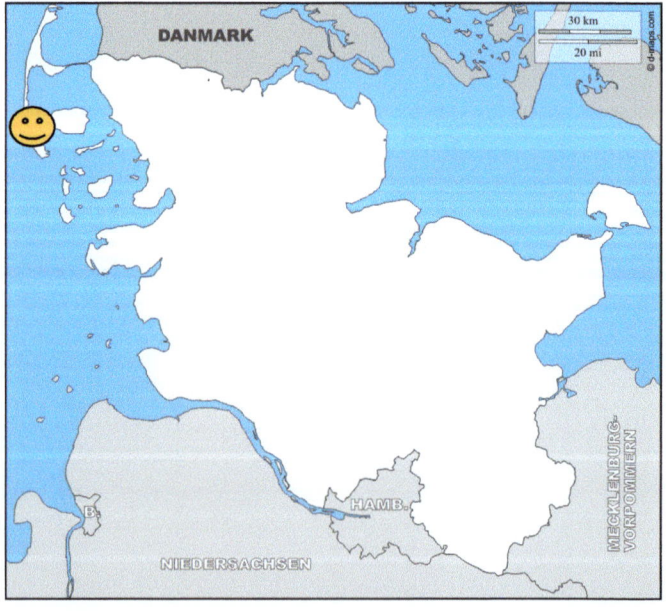

Schweigen ist Gold

Ein nervender Gatte aus Nebel,
der quatschte als hätt` er drei Schnäbel.
Der Frau ward`s genug,
drum dachte sie klug:
„Der Kerl, der verdient sich den Knebel!"

Peissen

Peissen liegt an der Bundesstraße 77 im Kreis
Steinburg zwischen Itzehoe und Hohenwestedt.
Peissens erste Erwähnung datiert aus dem Jahr
1380. Durch das Gemeindegebiet fließen sowohl
die Rantzau als auch die Bekau. Die Einwohner-
zahl Peissens beträgt etwa 270.

Auch mal die Vorteile sehen

Beim ärmlichen Hugo aus Peissen,
da gibt es oft wenig zu beißen.
Doch ist`s nicht nur schlecht,
weil nebenbei echt
die Zähne sehr wenig verschleißen.

Föhr

Föhr ist als Nordfriesische Insel ebenfalls Teil des Kreises Nordfriesland. Da Föhr (anders als Sylt mit dem Hindenburgdamm und Fehmarn mit der Fehmarnsundbrücke) über keine Landverbindung verfügt, gilt Föhr als bevölkerungsreichste Insel Deutschlands ohne feste Verbindung zum Festland. Die Einwohnerzahl Föhrs beträgt circa 8350.

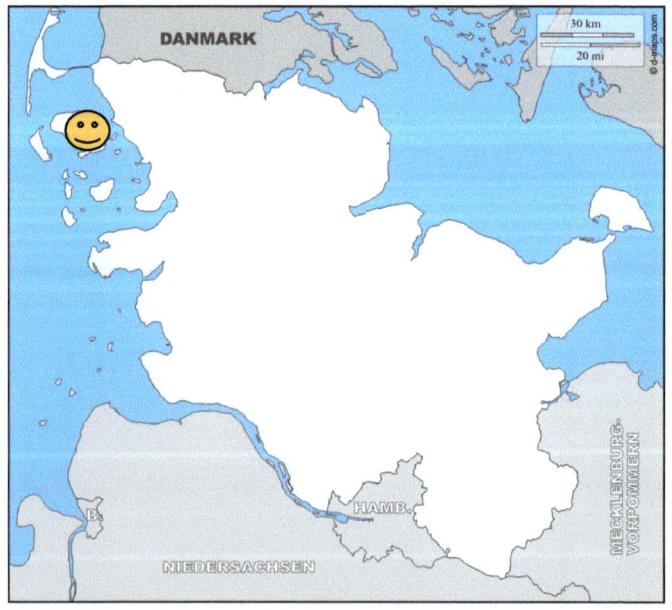

Niemals Zeugen hinterlassen

Dem Serienmörder auf Föhr
passierte ein schlimmes Malheur:
Sein Opfer, das letzte,
überlebte und petzte…
deshalb sitzt er jetzt beim Verhör.

Fehmarn

Die Insel Fehmarn liegt in der Ostsee und gehört dem Kreis Ostholstein an. Die Insel ist durch die Fehmarnsundbrücke (Bauzeit von 1960 bis 1963) mit dem Festland verbunden. Die Insel zählt zu den sonnenreichsten Gebieten der Bundesrepublik Deutschland und die Einwohnerzahl Fehmarns beziffert sich auf etwa 12.400.

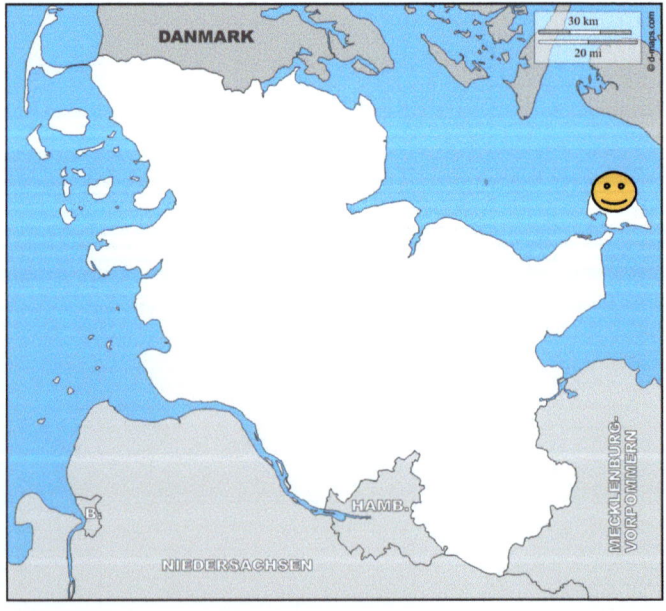

Rindfleisch immer schön mürbe kochen

Ein Hobbykoch band jüngst auf Fehmarn
Rouladen sehr sorgsam mit Nähgarn.
Doch wollt` er sich sparen,
sie lange zu garen,
weshalb diese Biester echt zäh war` n.

Lehe

Die Gemeinde Lehe ist die nördlichste Gemeinde
Dithmarschens. Die erste Erwähnung datiert aus
dem Jahre 1231. Größere Städte in der näheren
Umgebung sind nicht vorhanden. Heide und Hu-
sum liegen jeweils über 20 Kilometer entfernt. Die
Einwohnerzahl Lehes beläuft sich auf etwas mehr
als 1000.

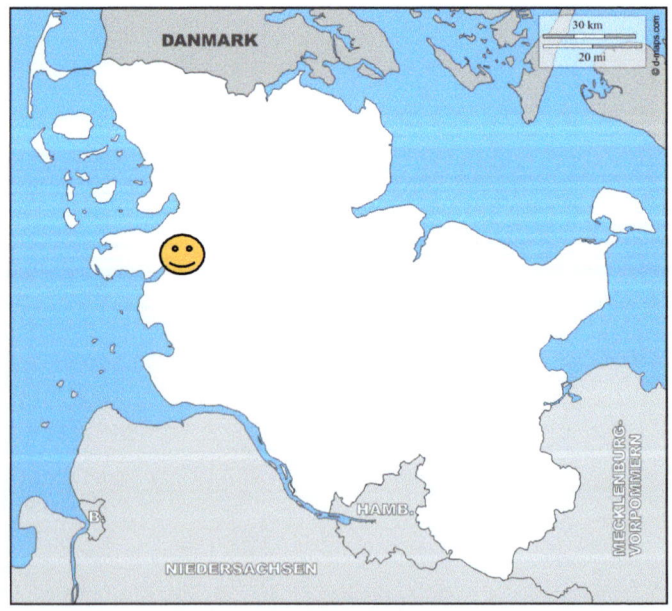

Mundgeruch macht einsam

Es fehlt einem Manne aus Lehe
besonders die menschliche Nähe.
Warum er verwaiste?
Weil ständig er speiste
und kaute vom Knoblauch ` ne Zehe.

Dingen

Dingen liegt im Süden des Kreises Dithmarschen.
Dingen liegt unweit der Elbmündung und somit
auch unweit von Brunsbüttel. Der Verwaltungssitz
befindet sich in Burg-Sankt Michaelisdonn. Die
Gemeinde Dingen liegt nur knapp 2 Meter über
dem Meeresspiegel und zählt circa 630 Einwohner.

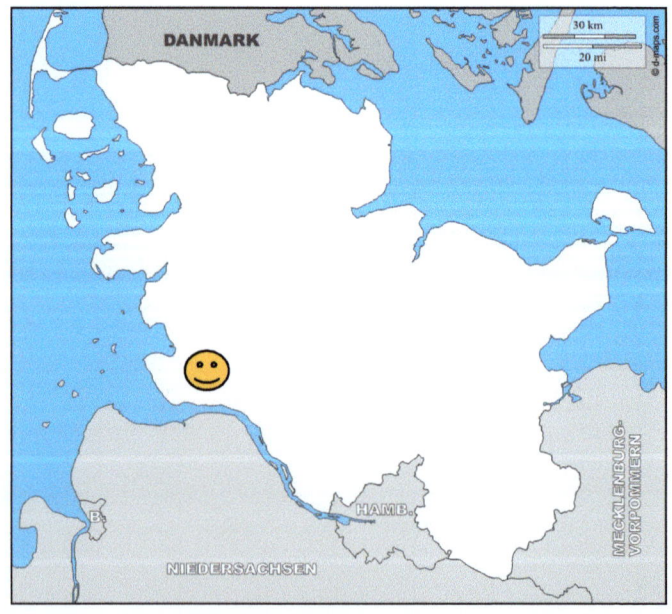

Oftmals wenig Grund zu feiern

Es hatte ein Fräulein aus Dingen
mit Blähungen furchtbar zu ringen.
So kam`s, dass auf Festen,
fast alle am besten,
schon vor ihrem Eintreffen gingen.

Fitzen

Die Gemeinde Fitzen liegt am Elbe-Lübeck-Kanal und gehört dem Kreis Herzogtum Lauenburg an. Erstmalige Erwähnung fand Fitzen 1230. Zwischen Fitzen und Siebeneichen verkehrt die einzige Fähre (historische Seilfähre) über den Elbe-Lübeck-Kanal. Die Einwohnerzahl Fitzens beträgt rund 350.

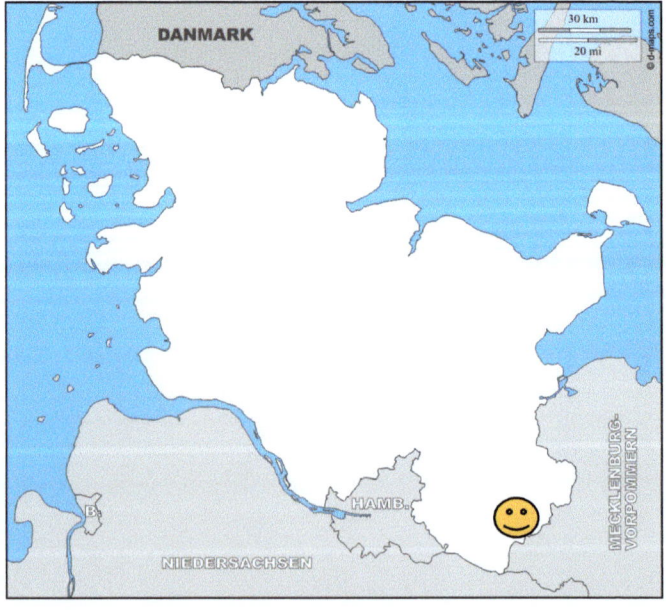

Auch mal etwas Neues bringen

Auf Feiern, da mochte in Fitzen
am Tisch neben Karl niemand sitzen.
Zwar blieb er stets nüchtern,
doch ganz selten schüchtern
und nervte mit uralten Witzen.

Schlesen

Die Gemeinde Schlesen liegt im Kreis Plön. Erst-
mals fand Schlesen 1304 Erwähnung. Eine bekann-
te Schlesener Persönlichkeit ist Rötger Feldmann,
der durch die *Werner-Comics* seine Berühmtheit
erlangte. Die Einwohnerzahl Schlesens beläuft sich
auf etwas mehr als 500.

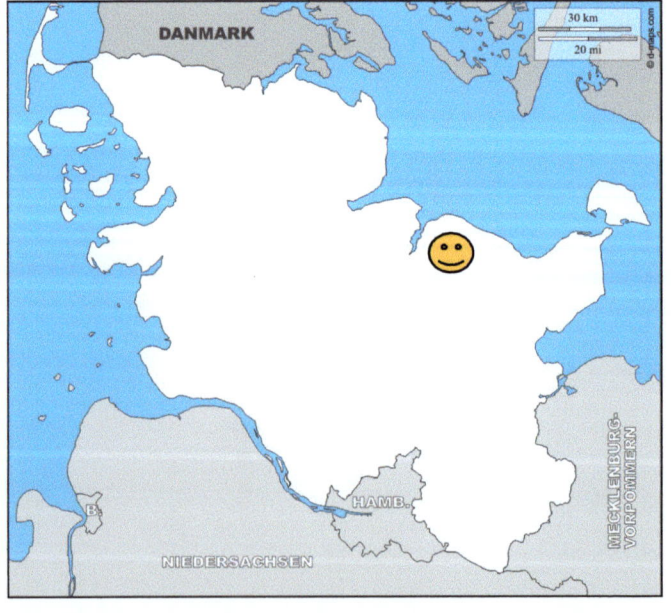

Nicht der spitzeste Pfeil im Köcher

Tobias, ein Dummkopf aus Schlesen,
war weder begabt noch belesen.
Hielt Zwerge für riesig,
Schönwetter für diesig
und selbst eine Harke für`n Besen.

Blunk

Blunk ist eine Gemeinde im Kreis Segeberg. Erstmals erwähnt wurde sie um 1075 als Teil des alten Sachsenwalls. Durch Blunk verläuft der Naturparkweg, der die fünf Naturparks in Schleswig-Holstein für Wanderer verbindet. Die Einwohnerzahl Blunks beträgt etwa 590.

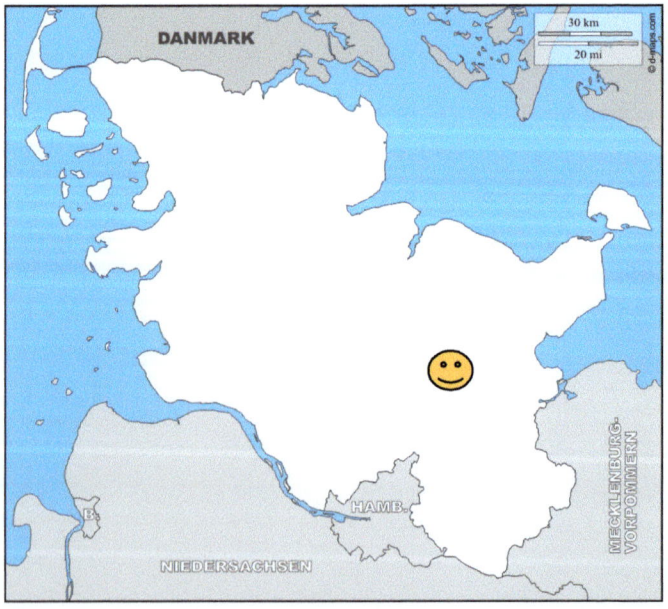

Liebe geht ja bekanntlich durch den Magen

Ein Ehemann, wohnhaft in Blunk,
aß niemals Gemüse mit Strunk.
Und kochte sein *Engel*
Gemüse mit Stängel,
dann gab zu Hause meist Stunk.

Gelting

Die Gemeinde Gelting liegt im Kreis Schleswig-
Flensburg. Erstmalige Erwähnung findet Gelting
bereits 1231. Zu den Sehenswürdigkeiten zählen
die Kirche St. Katharinen (erbaut um 1300) und
das Gut Gelting, welches von einem Wassergraben
umgeben ist. Die Einwohnerzahl Geltings liegt nur
knapp unterhalb von 2000.

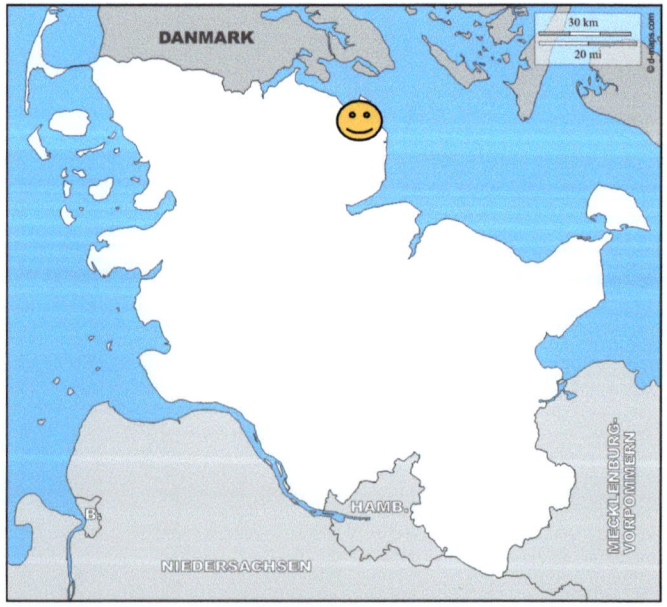

Geizkragen

Ein Steinreicher, wohnhaft in Gelting,
war böse, als er aus der Welt ging.
Er wollte nicht sterben,
partout nichts vererben,
weil er doch so an seinem Geld hing.

Groß Kummerfeld

Groß Kummerfeld liegt in der Nähe von Neu-
münster und gehört zum Kreis Segeberg. Die erste
Erwähnung datiert aus dem Jahre 1141. Die Quelle
der Stör findet man im Gemeindegebiet (Ortsteil
Willingrade). Die Einwohnerzahl Groß Kummer-
felds beläuft sich auf etwas mehr als 1900.

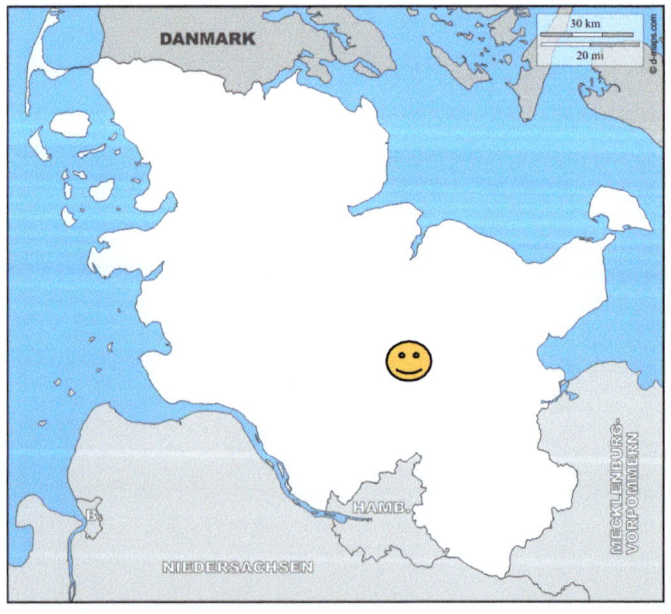

Immer auf die Eigensicherung achten

Ein Hochseilartist aus Groß Kummerfeld,
sich selbst für die ganz große Nummer hält,
vergisst bei 'nem Trick
den Sicherungsstrick!
Gleich werden wir sehen, wie dumm er fällt.

Kiel

Kiel ist die Landeshauptstadt des Bundeslandes
Schleswig-Holstein. Kiel wurde etwa im dreizehn-
ten Jahrhundert gegründet und ist eine der zwei
Großstädte im Bundesland Schleswig-Holstein.
Über seine Grenzen hinaus ist Kiel für die Kieler
Woche, ein Volksfest mit Segelregatta, und den
Handballclub THW Kiel bekannt. Die Einwohner-
zahl Kiels liegt bei circa 243.000.

Keine Manieren

Es lebte ein Mann einst in Kiel,
der mampfte und fraß ziemlich viel.
Doch ohne Besteck,
das ließ er gern weg…
ein Vielfraß so ganz ohne Stil.

Loop

Loop ist eine Gemeinde im Kreis Rendsburg-
Eckernförde und liegt knapp acht Kilometer nörd-
lich von Neumünster. In den 1920er-Jahren wurde
der 44 Meter hohe Aalberg abgetragen und als
Material für den Hindenburgdamm vom Festland
nach Sylt verwendet. Die Einwohnerzahl Loops
beläuft sich auf etwa 180.

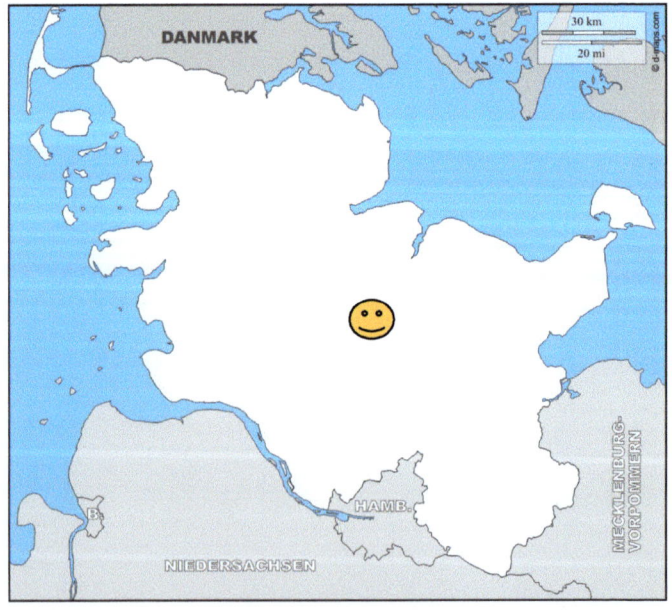

Immer eine Ausrede für die eigene Faulheit

Dem Faulen, dem drohte in Loop,
dass er sich beim Abwasch verhob.
Drum ließ er es bleiben,
sich selbst anzutreiben
und Hausarbeit fortan verschob.

Wedel

Die Stadt Wedel gehört dem Kreis Pinneberg an
und liegt an der Westgrenze zu Hamburg. Die
erste Erwähnung datiert aus dem Jahre 1212. Seit
1993 lautet der offizielle Stadtname wieder Wedel,
nachdem zuvor 30 Jahre der Zusatz *Holstein* ge-
führt wurde. Als Wahrzeichen der Stadt gilt der
Roland. Die Einwohnerzahl liegt bei circa 32.300.

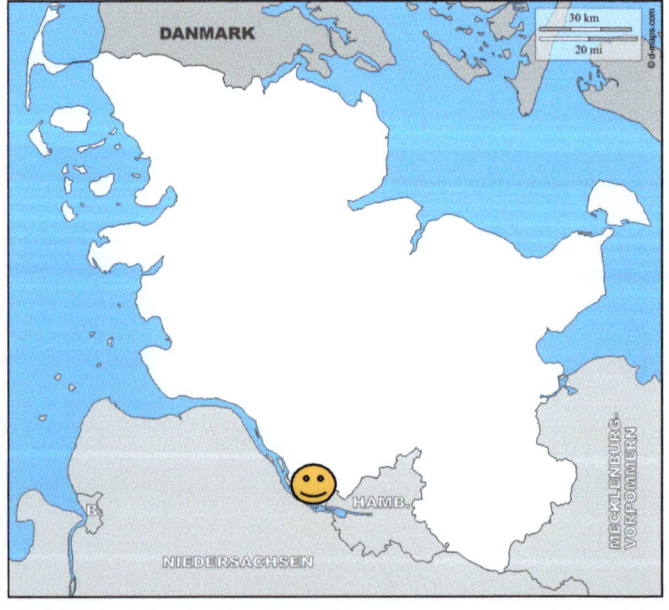

Auch stille Wasser schlagen kräftig zu

Ein Großmaul, das kämpfte in Wedel
ganz siegesgewiss mit 'nem Mädel.
Diese war `ne Granate:
Kung Fu und Karate…
und spaltete ihm seinen Schädel!

Nordfriesland

Der Kreis Nordfriesland ist der nördlichste Land-
kreis Deutschlands. Mit gleich fünf traditionell
gesprochenen Sprachen im Kreisgebiet (Deutsch,
Plattdeutsch, Dänisch, Südjütisch und Nordfrie-
sisch) ist Nordfriesland der sprachenreichste Kreis
Deutschlands. Die Einwohnerzahl beläuft sich auf
etwa 162.000.

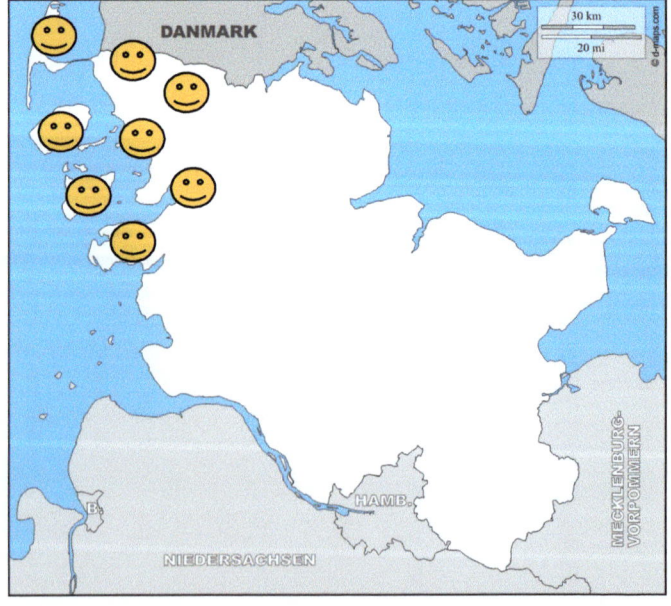

Die Rache wird süß

Ein Gatte betrog in Nordfriesland
die Gattin, was diese echt mies fand.
Die klärt bald die Sache,
spricht: „Mein ist die Rache!"
Man sieht sie jetzt oft auf dem Schießstand…

Boostedt

Boostedt liegt in unmittelbarer Nähe zu Neumünster, gehört aber dem Kreis Segeberg an. Die erste urkundliche Erwähnung stammt aus dem Jahre 1201. Die ehemalige Kaserne (etwa 1800 Soldaten) dient derzeit als Erstaufnahmelager für Asylsuchende. Die Einwohnerzahl Boostedts beträgt circa 4600.

Bitte nur Niveauvolles

Es kritzelt ein Mann grad in Boostedt
als dort er auf dem Bahnhofsklo steht,
groß wie für `nen Blinden,
weil dort nix zu finden,
dass er auf `nen Spruch mit Niveau steht.

Heide

Heide ist die Kreisstadt des Kreises Dithmarschen in Schleswig-Holstein. Die erste Erwähnung datiert aus dem Jahre 1404. Klaus Groth, einer der bekanntesten niederdeutschen Lyriker Schriftsteller, ist in Heide geboren. Zu den Sehenswürdigkeiten der Stadt zählen die St.-Jürgen-Kirche und der Heider Wasserturm. Die Einwohnerzahl Heides liegt bei etwa 21.300.

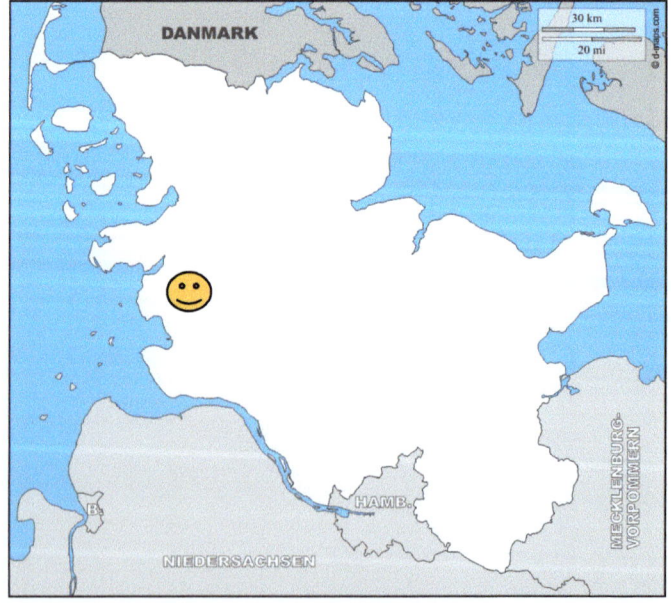

Nicht immer gleich ausprobieren

Es schärften zwei Jungen aus Heide
des Jagdmessers stumpf matte Schneide,
um sofort am besten
das Ganze zu testen…
sie bluten noch heut alle beide!

Gnutz

Gnutz, eine Gemeinde im Kreis Rendsburg-
Eckernförde, liegt etwa zwölf Kilometer nordwest-
lich von Neumünster. Das Gemeindegebiet um-
fasst ebenfalls Hofkamp und Viert. Die erste ur-
kundliche Erwähnung datiert aus dem Jahre 1320.
Südwestlich der Gemeinde befindet sich ein neu
angelegter Keltischer Baumkreis. Die Einwohner-
zahl von Gnutz beträgt rund 1200.

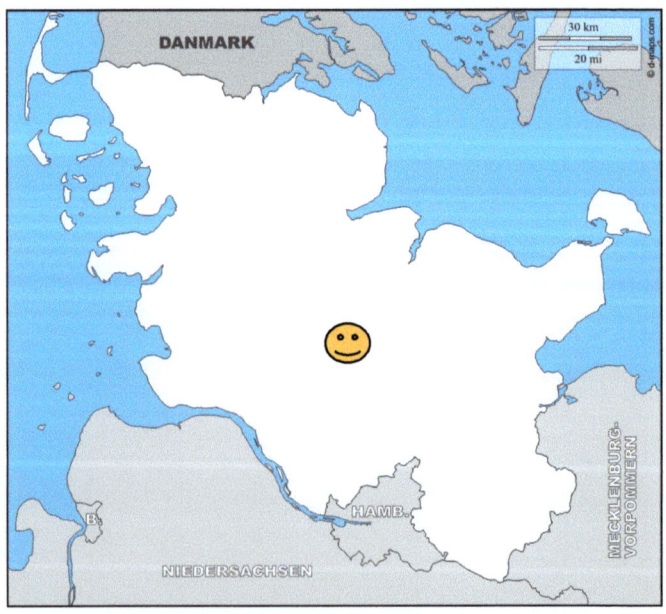

Nicht mit UV-Licht ableuchten

Beim Ehebruch fleht sie in Gnutz:
„Geliebter, uns fehlt heut der Schutz…
zieh raus deinen Stecken!"
Im Laken die Flecken -
der Ehemann hielt dies für Schmutz.

Wahlstedt

Die Stadt Wahlstedt liegt im Kreis Segeberg. Wahl-
stedt liegt am Rande des Segeberger Forstes. Die
erste urkundliche Erwähnung datiert aus dem Jahr
1150. Seit Januar 1967 besitzt Wahlstedt die Stadt-
rechte. Es befinden sich einige Industriebetriebe in
Wahlstedt wie etwa Arko und Grundfos, der größ-
te Arbeitgeber im Stadtgebiet. Die Einwohnerzahl
Wahlstedts beläuft sich auf circa 9300.

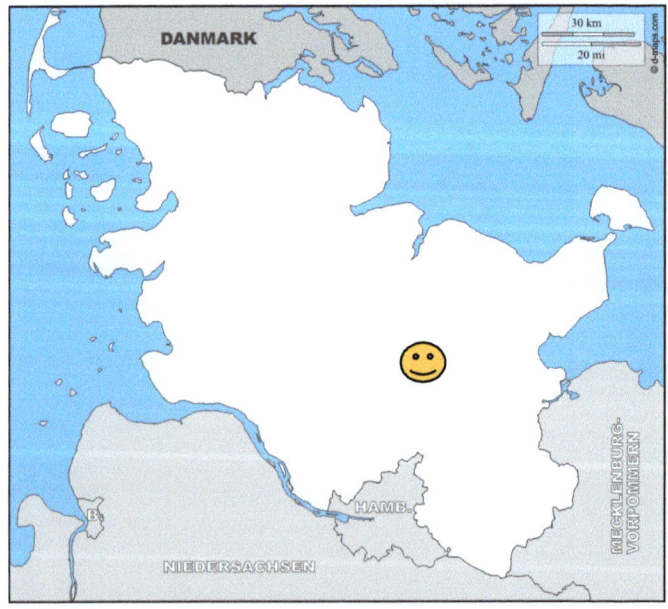

Jedem seinen Fetisch

Ein Windfetischist, Großraum Wahlstedt,
um heftigen Sturm jedes Mal fleht.
Denn bläst schön der Wind,
weiß dort jedes Kind,
dass *Seiner* ihm hart wie ein Pfahl steht!

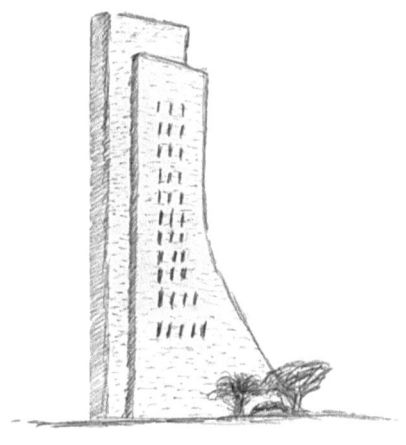

Bad Bramstedt

Die Stadt Bad Bramstedt ist bekannt als Moorheil-
bad und liegt im Kreis Segeberg in Schleswig-
Holstein. Den Zusatz *Bad* trägt sie seit 1910. Zu
den Sehenswürdigkeiten zählen der Steinerne Ro-
land und das Torhaus. Ein bekannter Bad Bram-
städter ist unter anderem der Abenteurer und
Buchautor Arved Fuchs. Die Einwohnerzahl Bad
Bramstedts beträgt rund 13.800.

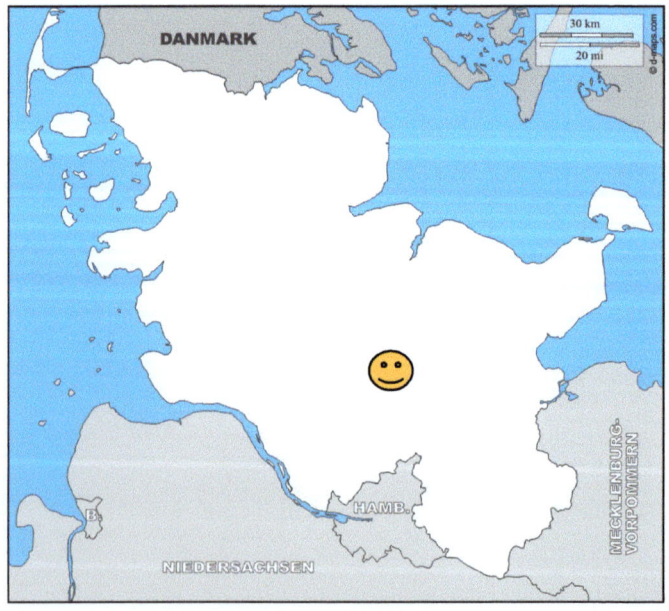

Auch nicht ganz stubenrein

Ein Freier betrübt in Bad Bramstedt!
In seinem Gesicht noch der Gram steht:
Er ist echt pikiert!
sie war glatt rasiert,
wo er doch auf haarige Scham steht!!

Plön

Plön ist die Kreishauptstadt des Kreises Plön. Der größte Binnensee Schleswig-Holsteins ist der große Plöner See. Er gehört neben weiteren Seen zum Stadtgebiet. Plön befindet sich in der Holsteinischen Schweiz und ist vor allem touristisch orientiert. Ein Wahrzeichen der Stadt Plön ist das Plöner Schloss, das im 17. Jahrhundert erbaut wurde. Die Einwohnerzahl Plöns beträgt circa 8.700.

Schönheit ist und bleibt vergänglich

Ein Schönling, der hatte in Plön,
bis neulich die Haare noch schön.
Mit Haarausfall ringt er…
ist erblich bedingter.
Bald nutzt weder Kamm ihm noch Fön.

Weißenhaus

Die Gutsanlage Weißenhaus, in deren Zentrum
das sogenannte Schloss Weißenhaus liegt, befindet
sich im Kreis Ostholstein und war auch Namens-
geber für den Ortsteil Weißenhäuser Strand, der
ebenso wie die Gutsanlage Weißenhaus selbst zur
Gemeinde Wangels gehört. Die Gutsanlage beher-
bergt heute ein Fünf-Sterne-Hotel. Wangels zählt
rund 2.200 Einwohner.

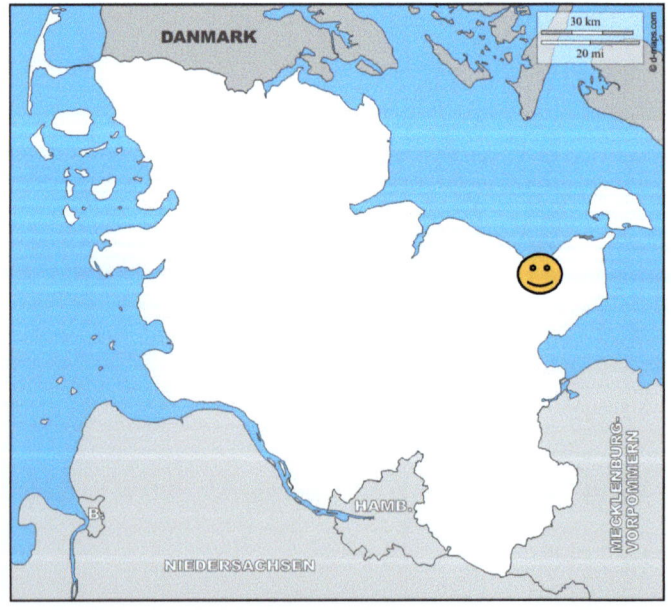

Man bekommt eben nicht alles für Geld

Im Stundenhotel flog in Weißenhaus
ein Freier achtkantig…soll heißen: raus!
Anstatt zu besamen,
war er bei den Damen
schlussendlich doch immer auf Beißen aus!

Selent

Selent ist eine Gemeinde im Kreis Plön und liegt am Südufer des Selenter Sees. Der Selenter See ist nach dem großen Plöner See der zweitgrößte Binnensee Schleswig-Holsteins. Zu den Sehenswürdigkeiten der Gemeinde zählen unter anderem die Servatius-Kirche und die Blomenburg, die auf einer Anhöhe am Ortsrand liegt. Die Einwohnerzahl Selents beträgt etwa 1.360.

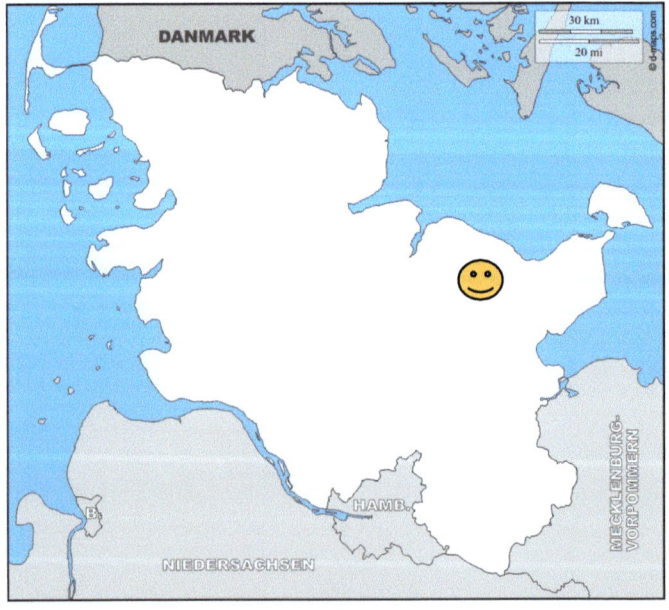

Nur keine falschen Schlüsse ziehen

Es hatte ein Mann in Selent
bei einem Kollegen gepennt.
Man munkelt, sie hätten…
gemeinsam in Betten…
Dies leugnen die zwei konsequent.

Dahme

Dahme ist eine Gemeinde im Kreis Ostholstein am Nordwestrand der Lübecker Bucht. Die erste ur- kundliche Erwähnung datiert aus dem Jahre 1299. Davon zeugt auch ein Gedenkstein im Ortszent- rum. Eine der Sehenswürdigkeiten des Ostseeheil- bades Dahme ist der Leuchtturm Dahmeshöved. Gemeinsam mit den Gemeinden Grömitz, Grube und Kellenhusen bildet Dahme eine Verwaltungs- gemeinschaft. Dahme zählt circa 1.300 Einwohner.

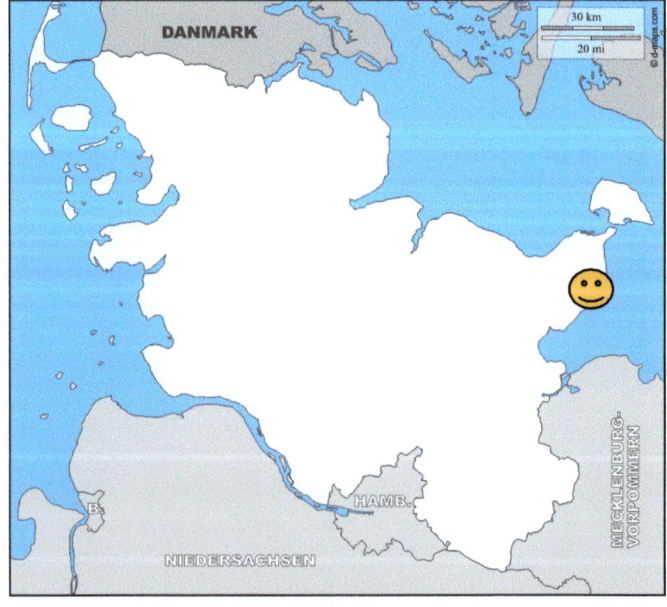

Zweifel an meiner Potenz?

Es wollte ein Fräulein aus Dahme
partout nicht, dass ich sie besame.
Was ich noch bemängel?
Sie schalt meinen Schwengel
als kurz und als Ente, als lahme…

Braak

Braak ist eine Gemeinde im Kreis Stormarn in Schleswig-Holstein. Die Gemeinde liegt an der A1. Die erste urkundliche Erwähnung datiert von 1256. Zu den Sehenswürdigkeiten zählt die Braaker Mühle und die Fahrbücherei hält im Drei-Wochen-Rhythmus an zwei Haltestellen im Ort. Die Einwohnerzahl der Gemeinde beläuft sich auf knapp unter 1.000.

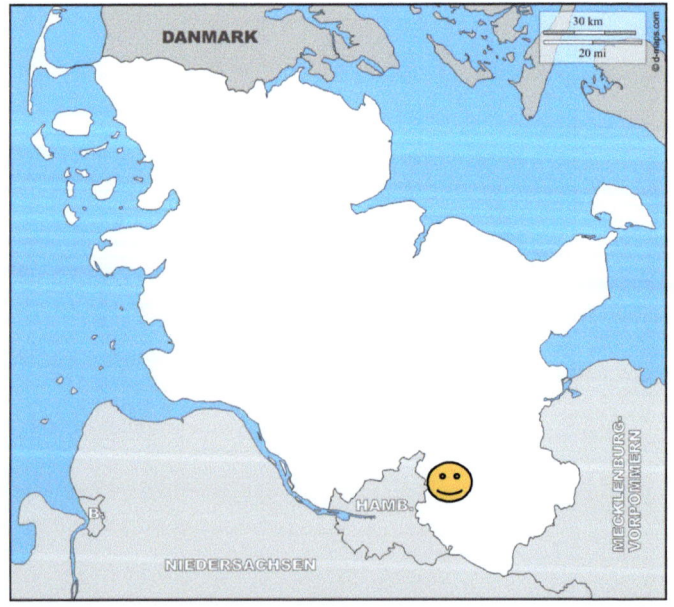

Wer die Musik bestellt…

Am Ende des Festes in Braak,
der Bräutigam mächtig erschrak.
Das Fest war zwar klasse,
doch jetzt an der Kasse,
da schreckt ihn der Rechnungsbetrag.

Rantum

Rantum gehört seit 2009 zur Gemeinde Sylt auf der gleichnamigen Insel. Außer Rantum gehören zur Gemeinde Sylt noch die Ortsteile Westerland und Sylt-Ost. Rantum liegt an der schmalsten Stelle der Insel Sylt. Diese schmalste Stelle ist nur noch etwa 550 Meter breit. Die älteste Erwähnung des Ortes Rantum datiert aus dem Jahre 1142. Der Ort musste mehrfach neu aufgebaut werden, da er zahlreichen Sturmfluten zum Opfer fiel. Rantum zählt etwa 560 Einwohner.

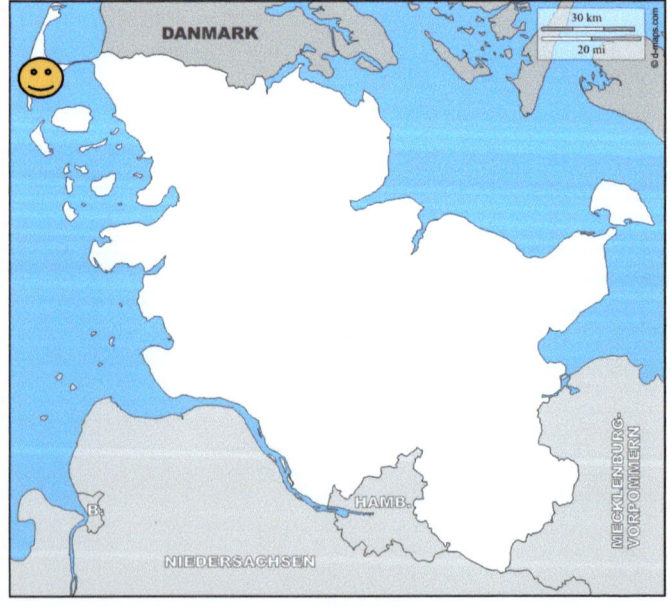

Immer schön aufpassen

Ein Junkie, der spritze in Rantum
viel mehr als sein tägliches Quantum.
Zwar war`s ein Versehen,
doch leider geschehen.
Jetzt liegt er als Leiche am Strand rum!

List

List liegt im Kreis Nordfriesland an der Nordspit-
ze von Sylt und ist daher die nördlichste Gemein-
de Deutschlands. List wurde mehrfach von Sturm-
fluten heimgesucht, zerstört und wieder aufge-
baut. Die erste urkundliche Erwähnung datiert aus
dem Jahre 1292 und die Gründung geht auf däni-
schen Ursprung zurück. List wurde von der
stärksten je im flachen Binnenland gemessenen
Sturmbö heimgesucht. Die Geschwindigkeit be-
trug 184 Km/h. Die Einwohnerzahl beträgt etwas
mehr als 1.500.

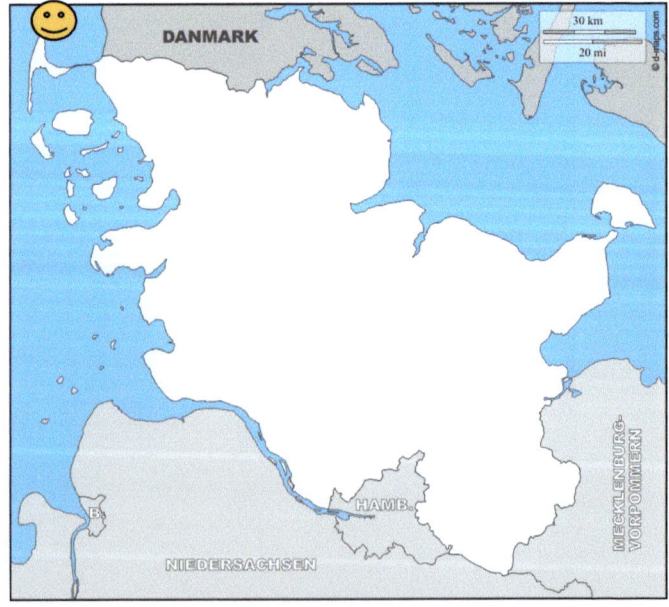

Wenn man sich mit dem Falschen einlässt

Es mahnt der Kredithai aus List:
„Wenn du meine Zahlung vergisst,
dann hier mein Versprechen,
werd Knochen ich brechen!"
Ich halt mich wohl an seine Frist…

Scharbeutz

Die Gemeinde Scharbeutz liegt unmittelbar an der Lübecker Bucht und gehört zum Kreis Ostholstein. Aufgrund der Lage an der Ostsee ist die Gemeinde stark vom Tourismus geprägt. Man zählt pro Jahr beinahe 300.000 Übernachtungen. Die erste urkundliche Erwähnung findet sich im Jahr 1271. Die aus zehn Ortsteilen bestehende Großgemeinde Scharbeutz zählt etwa 10.800 Einwohner.

Wie unflexibel

Beim Skatspiel, da spielt in Scharbeutz,
ein Mann ausnahmslos und zwar Kreuz!
Ich kann es verschmerzen.
Selbst hält er nur Herzen,
Kennt er nur das Eine…mich freut` s!

Preetz

Preetz gehört dem Kreis Plön an. Erstmalige Erwähnung fand der Ort 1185. Da in dem Ort um 1850 mehr als 150 selbständige Schuhmacher tätig waren, ist Preetz auch als Schusterstadt bekannt. Zum Stadtgebiet gehören der Postsee, der Kirchsee und der Lanker See. Zu den Sehenswürdigkeiten zählen das Holzschuhmuseum und die Skulptur *Schuster mit Hund* auf dem Marktplatz. Mit rund 15.600 Einwohnern ist Preetz die größte Stadt im Kreis Plön.

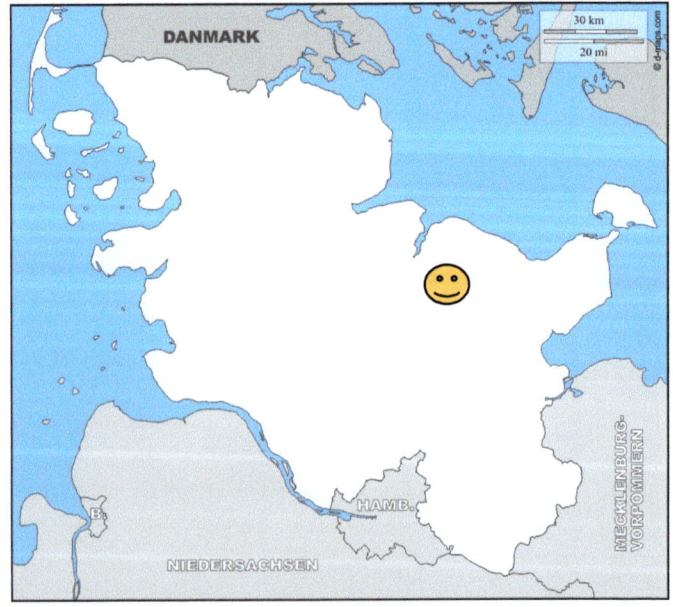

Verträge sollten bindend sein

Mein Weib, das beglückt hier in Preetz
nur *Meinen*…nicht Herbert`s, nicht Fred`s!
Das wird es nie geben,
sonst kostet`s ihr Leben!
Im Ehevertrag, schau, da steht`s.

Nettelsee

Die Gemeinde Nettelsee gehört dem Kreis Plön an und liegt zwischen Neumünster und Preetz an der B 404 von Kiel nach Bad Segeberg. Nettelsee gehört der Region Barkauer Land an. 1962 wurden die Bahngleise der Eisenbahn entfernt, somit ist Nettelsee nicht mehr an den Bahnverkehr angeschlossen. Nettelsee zählt heute rund 420 Einwohner.

Promi-Bonus?

Die Dorfschönheit tönte in Nettelsee:
„Weil ich auf Sebastian Vettel steh,
kommt kein anderer Mann
zum Sex an mich ran,
auch wenn ich so manchen hier betteln seh!"

Cismar

Cismar gehört der Gemeinde Grömitz an und liegt im Kreis Ostholstein. Zentrum des Ortes ist das Kloster Cismar, ein ehemaliges Benediktiner Kloster. Jedoch wurde das Kloster aufgehoben und in den Räumlichkeiten finden heutzutage Ausstellungen, Lesungen und Konzerte von überregionaler Bedeutung statt. Cismar zählt rund 800 Einwohner.

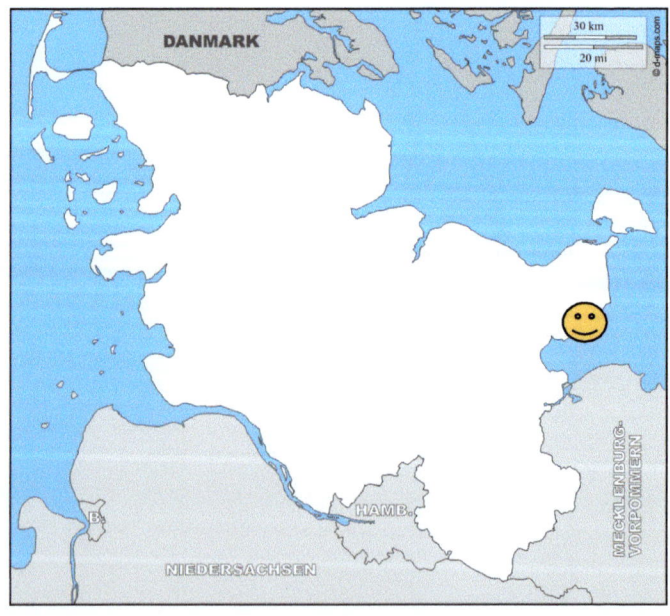

Auch ein wirksames Schmerzmittel

Am Schneidezahn stellte in Cismar
vorm Spiegel ein Mann einen Riss wahr.
Doch schmerzte dies nicht…
die Antwort ganz schlicht:
Kein Schmerz, weil es längst ein Gebiss war.

Rade

Die Gemeinde Rade liegt im Kreis Steinburg in Schleswig-Holstein. Rade liegt etwa fünf Kilometer nördlich von Kellinghusen. Das Gemeindegebiet liegt im Naturpark Aukrug. Durch das Gemeindegebiet fließen die Flüsse Stör, Bullenbach und Kirchweddelbach. Die Amtsverwaltung hat ihren Sitz in Kellinghusen und der Ort zählt knapp 100 Einwohner.

Irgendwem ist man immer ein Dorn im Auge

Es saß an der Hauswand in Rade
verträumt eine schlummernde Made.
Dem Hausherrn missfiel dies
als er zum Gefecht blies…
Nun ziert bloß ein Fleck die Fassade.

Itzehoe

Itzehoe ist die Kreisstadt des Kreises Steinburg. Durch das Stadtgebiet fließt die Stör. Erste Erwähnungen reichen bis ins zwölfte Jahrhundert zurück. Zu den Sehenswürdigkeiten zählen das historische Rathaus, die St.-Jürgen-Kapelle und die Stadtkirche St. Laurentii. Laut einer Studie der Universität Köln bietet Itzehoe bundesweit das beste Klima für Firmengründungen. Die Einwohnerzahl Itzehoes beträgt etwa 31.000.

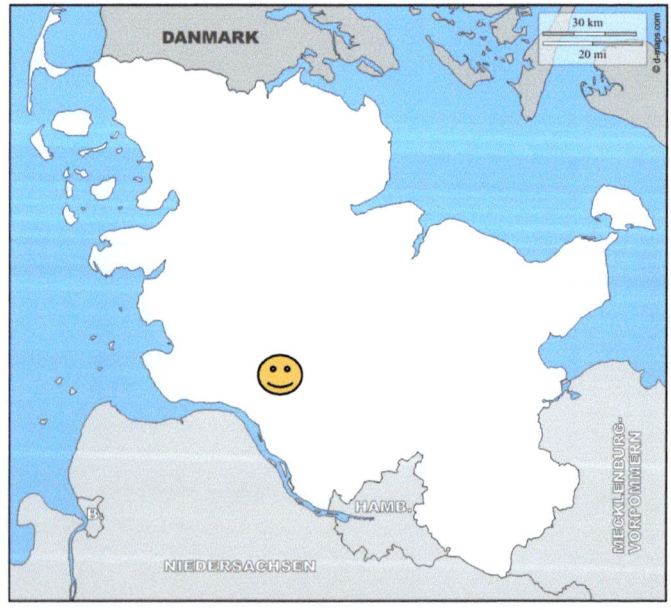

Schön glitschig

Beim Melken, da schimpfte in Itzehoe
der Bauer: „Verdammt Mann, ich schwitze so,
dass trotz meiner Mühen,
beim Melken von Kühen,
vorm Handschweiß so mancherlei Zitze floh!"

Todendorf

Die Gemeinde Todendorf, an der A 1 und B 404 gelegen, gehört dem Kreis Stormarn an. Todendorf liegt etwas nördlich von Ahrensburg. Durch die Gemeinde fließt der Gölmbach und auch das Gölmer Moor gehört zum Gemeindegebiet. Die erste urkundliche Erwähnung datiert aus dem Jahre 1259. Die Einwohnerzahl Todendorfs beläuft sich auf etwas mehr als 1.200.

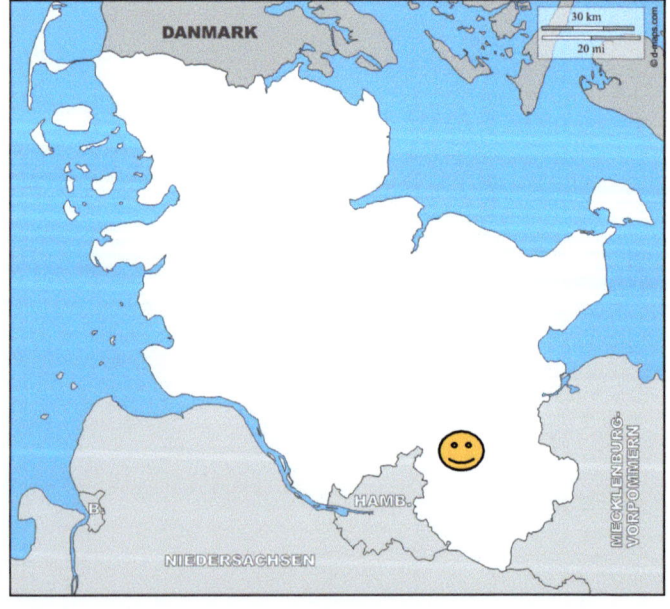

Immer hübsch vorsichtig bei Regenwetter

Ein Mann übersah jüngst in Todendorf
im Regen vor sich auf dem Boden Torf
und stürzte gemein
auf Stock und auch Stein…
seit dem trägt der Arme am Hoden Schorf!

Groß Boden

Groß Boden ist eine Gemeinde im Kreis Herzog-
tum Lauenburg in. Die Gemeinde liegt südwest-
lich von Lübeck. Ein Ort an der Stelle des heutigen
Groß Boden findet seine erste Erwähnung um
1310. Groß Boden liegt nur fünf Fahrminuten von
der A1 entfernt. Das Aufregendste, welches ich
über Groß Boden fand, ist die Tatsache, dass der
Bus von montags bis samstags an zwei Haltestel-
len im Ort hält! Die Einwohnerzahl Groß Bodens
liegt bei rund 200.

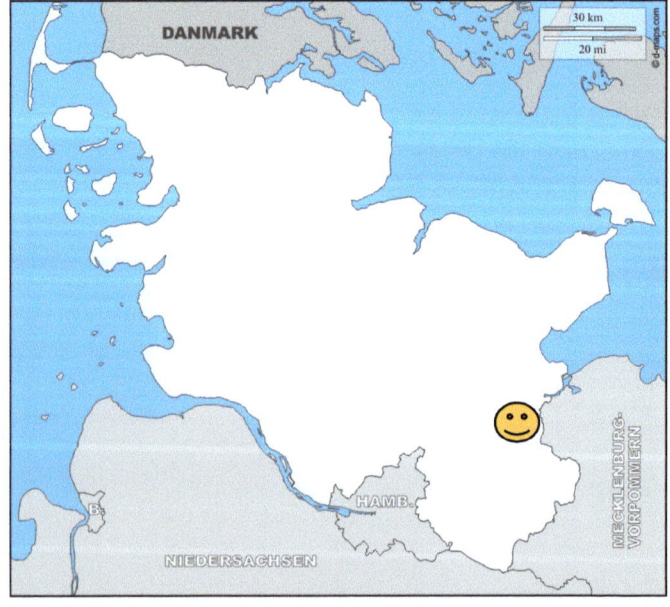

Warum nur immer so abweisend

Ein Fräulein mit Wohnsitz Groß Boden,
das hasste den männlichen Hoden.
Und kam mal ein Mann
zu nah an sie ran,
dann wollte sie immer bloß *– roden -*

Weiche

Weiche ist ein Stadtteil der kreisfreien Stadt Flens-
burg. Obwohl das Gebiet des heutigen Weiche
schon im 13. Jahrhundert zum Flensburger Stadt-
gebiet gehörte, wurde es doch erst mit Beginn des
Eisenbahnverkehrs städtebaulich erschlossen. Der
Name Weiche entstammt dann auch dem Eisen-
bahnjargon. Die Einwohnerzahl Weiches beträgt
knapp über 6.600, die Einwohnerzahl Flensburgs
wiederum rund 85.000.

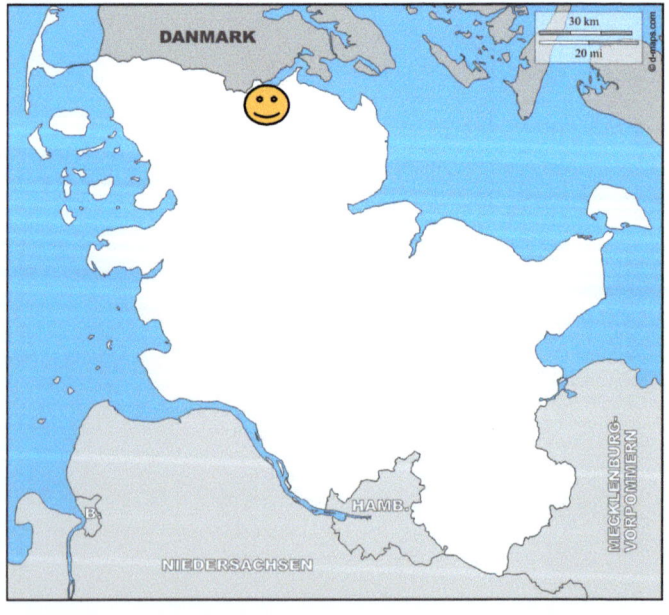

Tastsinn genügt auch

Zum Beischlaf bereit ist in Weiche
ein Mann, leider blind wie `ne Schleiche.
Will`s trotzdem probieren
und sie penetrieren...
ertastet sich grad die Bereiche.

Wrist

Wrist ist eine Gemeinde im Kreis Steinburg in Schleswig-Holstein. Die Gemeinde Wrist ist aus dem Zusammenschluss der Orte Stellau und Wrist enstanden. Stellaus Entstehung reicht bis zur Erbauung der Kirche Stellau, eine romanische Feldsteinkirche, die auch heute noch steht, bis in die Jahre 1201 bis 1230 zurück. Durch das Gemeindegebiet fließt das kleine Flüsschen Bramau. Die Einwohnerzahl beträgt circa 2.450.

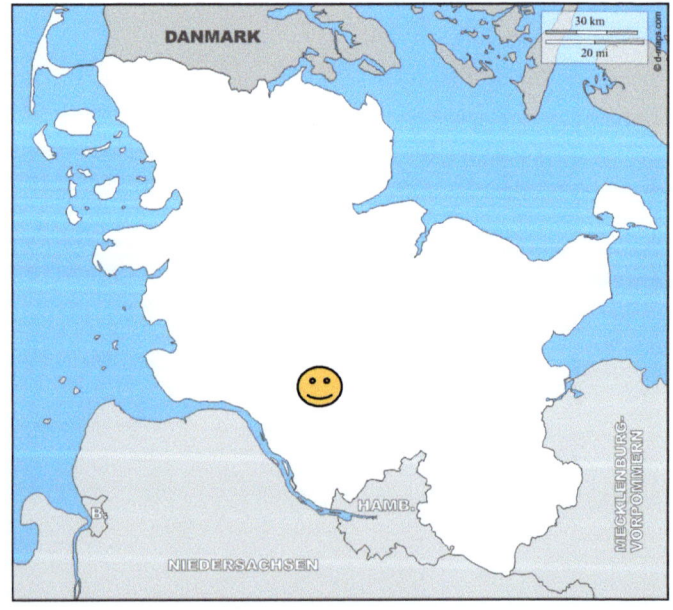

Wer kann Süßem schon widerstehen

Es hadert ein Fräulein aus Wrist,
weil sie doch so gern Süßes isst,
dass weder ihr Po
noch Bauch macht sie froh,
als sie gerade beides vermisst.

Sören

Die Gemeinde Sören liegt an der Bundesautobahn
215 und gehört dem Kreis Rendsburg-Eckernförde
an. Die Gemeinde liegt etwa auf halber Strecke
zwischen Kiel und Neumünster, nahe Bordesholm.
Die Gemeinde ist waldreich und überwiegend
land- und forstwirtschaftlich geprägt. Ein altes
Forsthaus gehört zu den Sehenswürdigkeiten der
Gemeinde. Die Einwohnerzahl Sörens beläuft sich
auf ungefähr 180.

Besser vorher informieren

Es wollte der Heinrich in Sören
mit Minnesang Helga betören.
Sang lyrische Lieder,
wollt ihr so ans Mieder,
doch taub war sie, konnte nichts hören.

Stocksee

Die Gemeinde Stocksee gehört dem Kreis Segeberg
in Schleswig-Holstein an. Stocksee ist vor allem für
den gleichnamigen See und den Stockseehof be-
kannt. Das alljährliche Musikfest Stockseehof ist
Bestandteil des Schleswig-Holstein-Musikfestivals.
Außerdem gibt es am See eine Badestelle mitten
im Ort und einen Campingplatz. Die Einwohner-
zahl Stocksees beläuft sich auf rund 400.

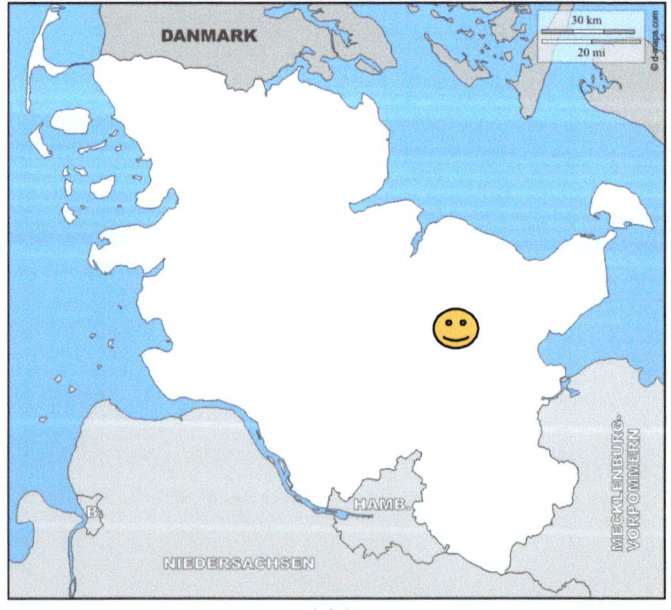

Barocke Schönheit

Ein Gatte bekannte in Stocksee:
„Wenn ich meiner Frau unter`n Rock seh,
erblick ihren Po,
dann bin ich echt froh,
dass ich so total auf Barock steh.“

Kappeln

Die Stadt Kappeln liegt an der Schlei und gehört dem Kreis Schleswig-Flensburg an. Durch die Schlei und die Nähe zur Ostsee befinden sich in Kappeln einige Betriebe, die für die Versorgung und Unterhaltung von Sportbooten zuständig sind. Ebenso gibt es in Kappeln neben dem kleinen Hafenbetrieb auch noch weitere Sportboothäfen. Ein besonderes Stadtfest sind die Kappelner Heringstage, die rund um Christi Himmelfahrt stattfinden. Die Einwohnerzahl Kappelns beträgt rund 8.700.

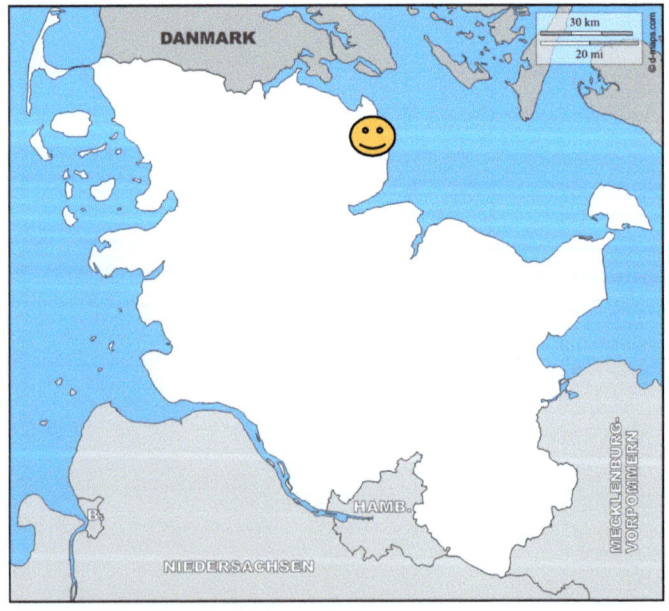

Erst einmal aufforsten

Ein Selbstmordgewillter aus Kappeln
will tot sein, am Ast endlich zappeln.
Doch muss er noch warten,
kein Baum steht im Garten,
drum pflanzt er jetzt Eichen und Pappeln.

Über den Autor

Thorsten Schönberg ist Jahrgang 1965 und gebürtiger Neumünsteraner. Beruflich tätig ist er als Maler und Lackierer in einem Neumünsteraner Betrieb. Seine Vorliebe für das Dichten entdeckte er vor etwa 5 Jahren und verfasste seitdem unzählige kleiner Spaßgedichte, immer seinem Vorbild Heinz Erhardt nacheifernd. Als aktives Mitglied gehört er einer Schreibgruppe an, die gemeinsam das Buch *Menschen und Märkte*, welches ebenfalls in der Bordesholmer Edition erschienen ist, verfasst hat.

Ferner in der Reihe Bordesholmer Edition erschienen:
Stand: Februar 2016

Bd. 1: Das Grab auf der Insel
Der erste Bordesholmkrimi
von Jürgen Baasch, Lydia Glaubke, Charlotte Günther,
Ines Reich und Hartmut Wiedling
ISBN 978-3-8448-0006-7 172 Seiten Preis 9,90€

Bd. 2: De Borsholmer Jedemann
Hugo v. Hofmannsthal sien Stück,
in`t Plattdüütsche sett vun Jürgen Baasch
ISBN 978-3848-21806-6 128 Seiten Preis 8,90€

Bd. 3: Das Licht
und andere Erzählungen
von Jürgen Baasch, Kirsten Frahm,
Viktor Vogt und Hartmut Wiedling
ISBN 978-3848-22711-2 136 Seiten Preis 8,90€

Bd. 4: Krimidinner
Kriminalroman
von Hartmut Wiedling
ISBN 978-3848-21971-1 260 Seiten Preis 14,90€

Bd. 5: Schmalsteder Beifang
Der zweite Bordesholmkrimi
von Jürgen Baasch, Silvia Biener, Charlotte Günther,
Diana Kühl und Hartmut Wiedling
ISBN 978-3-8482-2419-7 164 Seiten Preis 9,90€

Bd. 6: Murmelspiel und Schabernack
Alltagsgeschichten aus unserer Nachkriegskinderzeit
Biografische Reihe, Hrsg. Jürgen Baasch
ISBN 978-3848241415 168 Seiten Preis 10,90€

Bd. 7: Biografische Splitter
Biografische Reihe, Hrsg. Elmer Schmidt und Jürgen Baasch
Erzählungen
ISBN 978-3-7322-3098-3   138 Seiten   Preis 9,90€

Bd. 8: Doppelbilder - Vier Paare, acht Geschichten und ein Gastspiel
9 Erzählungen
von Hartmut Wiedling
ISBN 978-3842-34211-8   136 Seiten   Preis 8,90€

Bd. 9: Ein Haus wird Hundert
Geschichten zur Geschichte
von Franz Rohwer
ISBN 978-3732-25457-6   88 Seiten   Preis 8,50€

Bd. 10: Lotosblüte
Der dritte Bordesholmkrimi
von Jürgen Baasch, Kirsten Frahm, Charlotte Günther,
und Hartmut Wiedling
ISBN 978-3732-28658-4   176 Seiten   Preis 9,90€

Bd. 11: Rezepte für die faule Hausfrau
Kleines Kochbüchlein ohne Anspruch auf Michelinsterne
von Durannimo von der Wied
ISBN 978-3732-28628-7   52 Seiten   Preis 3,90€

Bd. 12: Letztes Jahr
Satirischer Endzeitroman
von Hartmut Wiedling
ISBN 978-3-7322-8940-0   156 Seiten   Preis 9,90€

Bd. 13: Krimiwanderungen
Auf den Spuren der Bordesholmkrimis
von Jürgen Baasch, Kirsten Frahm, Charlotte Günther,
und Hartmut Wiedling
ISBN 978-3-7357-5979-5   52 Seiten   Preis 4,90€

Bd. 14: Wenn Papa lange wegfährt
Ein Bilderbuch für Kinder
Von Kristina Dohrn
ISBN 978-3-7357-2308-6   24 Seiten   Preis 13,90€

Bd. 15: Odile
Erzählung
von Hartmut Wiedling
ISBN 978-3-7357-1940-9   84 Seiten   Preis 7,90€

Bd. 16: Klosterbrut
Gesellschaftspolitischer Zukunftsroman
von Hartmut Wiedling
ISBN 978-3-8370-8979-0   208 Seiten   Preis 10,90€

Bd. 17: Die Seminaristin
Der vierte Bordesholmkrimi
von Jürgen Baasch, Kirsten Frahm, Charlotte Günther,
und Hartmut Wiedling
ISBN 978-3-7357-7074-5   184 Seiten   Preis 9,90€

Bd. 18: Lichtungen
Gedichte und Kurzgeschichten
Von Martin Schmusch
ISBN 978-3-7347-5811-9   92 Seiten   Preis 7,90€

Bd. 19: Nordlicht
Heimatgeschichten
Biografische Reihe
Herausgegeben von Jürgen Baasch
ISBN 978-3-7357-7572-6   180 Seiten   Preis 9.90€

Bd. 20: Vier Männer
Tragikomisches Bühnenstück
von Hartmut Wiedling
ISBN 978-3-7392-2747-4   78 Seiten   Preis 5,90€

Bd. 21: Von Mensch & Tier, Musikern und Gottesdienern
77 Limericks von Michael Struck
77 Bildericks von Dieter Stolte
ISBN 978-3-7375-1943-4   78 Seiten   Preis 9,90€

Bd. 23: Halleluja Sakra
Das Muthenberger Missgeschick mit den Gebeinen
Eine historische Mühbrooker Heimatgeschichte
von Detlef Tanneberger
ISBN 978-3-7357-5643-5   236 Seiten   Preis 11,95€

Bd. 24: Giftwasser
Der fünfte Bordesholmkrimi
von Jürgen Baasch, Elmer Schmidt und Henning Thomsen
ISBN 978-3-7392-0249   208 Seiten   Preis 9,90€

Bd. 25: Menschen und Märkte
Texte von 10 Autoren aus Bordesholm und Umgebung
Herausgegeben von Jürgen Baasch
ISBN 978-3-7393-4090   280 Seiten   Preis 10,99€

Bordesholmer Edition
Eine Reihe für Autoren von Bordesholm und Umgebung
Herausgeber: J. Baasch und H. Wiedling
Bordesholmer.edition@yahoo.de

Herstellung und Verlag:
BoD - Books on Demand, Norderstedt
ISBN 978-3- 8423-6959-7